Level
1

招き猫
まねねこ

谷川順子 [原案]
たにがわよりこ　げんあん
NPO多言語多読 [作・監修]
　　たげんごたどく　さく　かんしゅう
とおのとうこ [挿絵]
　　　　　　　　さしえ

大修館書店

日本のいろいろなところに「招き猫」があります。
ここにも。
そこにも。
どうしてでしょう。

(右) 名古屋市中区大須
(左上) 事務所の机の上
(左中) 食堂の前　(左下) お店

江戸（今の東京）の小さい村に、小さい寺がありました。とても古い寺です。寺には、お坊さんと白い猫がいました。名前はたまです。たまは、とてもかわいい猫です。

お坊さんは、たまといつも一緒でした。

寺には、お金がありません。食べ物も、あまりありません。お坊さんは、いつも、自分のご飯をたまにあげました。

「たま、今日もご飯はこれだけだよ」
「にゃお」

ある日、殿様が家来たちと寺の近くに来ました。

ポツン、ポツン
「あ、雨だ！」
ザー、ザー、ザー
大雨です。
殿様は、木の下に入りました。

たまが木の近くに来ました。
たまは、右の手を上げました。
「にゃお、にゃお」
殿様を手招きしました。
「何だ？　この猫は」

たまは、また手招きしました。
「にゃお、にゃお!」
「何だ?」
たまは手招きしながら、寺に入りました。
「え、何だ? 寺?」
殿様も寺に入りました。

その時です。
ゴロゴロドッカーン
大きい音がしました。
「あ！ 木が…」
雷が木に落ちました。

「ああ、危(あぶ)なかった」
殿様(とのさま)は、お坊(ぼう)さんに聞(き)きました。
「この猫(ねこ)は、この寺(てら)の猫(ねこ)か?」
「はい、そうです」
殿様(とのさま)は、たまに言(い)いました。
「ありがとう」
「にゃお」

11

殿様は、ここに大きい寺をつくりました。
お坊さんも、たまもうれしいです。
「たま、ありがとう」
「にゃお」

何年か後、たまは死にました。
お坊さんは、たまの像を作りました。
これが「招き猫」です。

たまは、幸運（いいこと）を招きました。
だから、日本人は店や家に「招き猫」を置きます。
「いいことがありますように…」

〈豪徳寺〉

たまの寺は、今も、東京都世田谷区にあります。豪徳寺です。これが、豪徳寺の招き猫です。

豪徳寺の境内（写真）と世田谷区の場所（地図）

わあ、招き猫がたくさん！
いいことがあった後、家の
「招き猫」をここに返します。
いいことがたくさん
ありましたね！

学習者のみなさんへ

● 楽しみながらたくさん読むと、日本語が自然に身につく、これが多読です。「にほんご多読ブックス」は、多読のための読みものです。わからない言葉があっても絵を見たり、先を読めばわかるように作られています。言葉や文法は気にしないでください。内容を楽しみましょう。

● どんなレベルの人でも、レベル 0 から読んでみましょう。母語に訳さないで、日本語のまま、すらすら読むことが大切です。

● 音声を聞きながら読む「聞き読み」もためしてみてください。とくに、読むスピードが遅くなったと感じたときや難しいと感じたとき、「聞き読み」してみると効果があります。日本語の音に慣れることも大切です。

● 「にほんご多読ブックス」だけではなく、日本人向けの絵本、漫画、アニメブックスなどもどんどん読みましょう。NPO多言語多読の「多読に適した一般の読みもの」のページを参考にしてください。

→ https://tadoku.org/japanese/tadoku-friendly-books/

● 本の感想をぜひ送ってください。
宛先：NPO多言語多読（tadokubooks@tadoku.org）

[監修者紹介]

NPO多言語多読（エヌピーオー　たげんごたどく）

2002年に日本語教師有志が「日本語多読研究会」を設立し、日本語学習者のための多読用読みものの作成を開始した。2012年「NPO多言語多読」と名称を変更し、日本語だけでなく、英語、韓国語など、外国語を身につけたい人や、それを指導する人たちに「多読」を提案し、支援を続けている。http://tadoku.org/

主な監修書：『にほんご多読ブックス』vol. 1～10（大修館書店）、『レベル別日本語多読ライブラリー　にほんご よむよむ文庫』スタート、レベル0～4（それぞれ vol. 1～3）、『日本語教師のための多読授業入門』（ともにアスク出版）、『日本語多読 上下巻』（WEB JAPANESE BOOKS）

＊ この本を朗読した音声は、NPO多言語多読のウェブサイトからダウンロードできます。https://tadoku.org/japanese/audio-downloads/tjr/#audiodownload-01

〈にほんご多読ブックス〉vol. 1-4
招き猫
© NPO Tadoku Supporters, 2016　　　　NDC817／16p／21cm

初版第1刷──2016年6月10日
第2刷──2024年5月1日

監修者────NPO多言語多読
発行者────鈴木一行
発行所────株式会社 大修館書店
　　　　〒113-8541　東京都文京区湯島2-1-1
　　　　電話　03-3868-2651（販売部）　03-3868-2290（編集部）
　　　　振替　00190-7-40504
　　　　[出版情報]　https://www.taishukan.co.jp

イラスト────とおのとうこ　　原案────谷川順子
表紙組版────明昌堂
印刷・製本所──壮光舎印刷

ISBN978-4-469-22249-4　　Printed in Japan

Ⓡ 本書のコピー、スキャン、デジタル化等の無断複製は著作権法上での例外を除き禁じられています。本書を代行業者等の第三者に依頼してスキャンやデジタル化することは、たとえ個人や家庭内での利用であっても著作権法上認められておりません。

🎧 朗読音声のご案内

この本を朗読した音声は、NPO多言語多読のウェブサイトから
ダウンロードできます。

▶ https://tadoku.org/japanese/audio-downloads/tjr/#audiodownload-01

〈にほんご多読ブックス〉 レベル/語数/文法のめやす

		JLPT	語数	1話あたりの字数	主な文法事項
0	入門	↓ N5	350	〜400	現在形, 過去形, 疑問詞, 〜たい など（基本的に「です・ます体」）
1	初級前半		350	400〜1,500	
2	初級後半	↓ N4	500	1,500〜3,000	辞書形, て形, ない形, た形, 連体修飾, 〜と(条件), 〜から(理由), 〜なる, 〜のだ, など
3	初中級	↓ N3	800	2,500〜6,000	可能形, 命令形, 受身形, 意向形, 〜とき, から, たら・ば・なら, 〜そう（様態）, 〜よう（推量・比喩）, 複合動詞 など
4	中級		1,300	5,000〜15,000	使役形, 使役受身形, 〜そう（伝聞）, 〜らしい, 〜はず, 〜もの, 〜ようにする／なる, ことにする／なる など
5	中上級	↓ N2	2,000	8,000〜25,000	機能語・複合語・慣用表現・敬語など 例）〜につれて, 〜わけにはいかない, 切り開く／召し上がる, 伺う

JLPT
日本語能力試験（JLPT）のレベルについては、「日本語能力試験公式ウェブサイト」の
「N1〜N5：認定の目安」(http://www.jlpt.jp/about/levelsummary.html) を参考にしました。

ふりがな（ルビ）のふり方
レベル0〜2…すべての漢字とカタカナ／レベル3, 4…すべての漢字／
レベル5…小学校三年生以上で習う漢字